Alles lecker!

Anke Kuhl (Bilder) * Monika Osberghaus (Hrsg.)

ALLES LECKER!

VON LIEBLINGSSPEISEN, EKELESSEN,
KUCHENDÜFTEN, ERBSENPUPSEN,
PAUSENBROTEN UND ANDEREN KÖSTLICHKEITEN

Klett Kinderbuch

Alle essen.

Es gibt Tiere, die Pflanzen fressen.

Es gibt Pflanzen, die Tiere fressen.

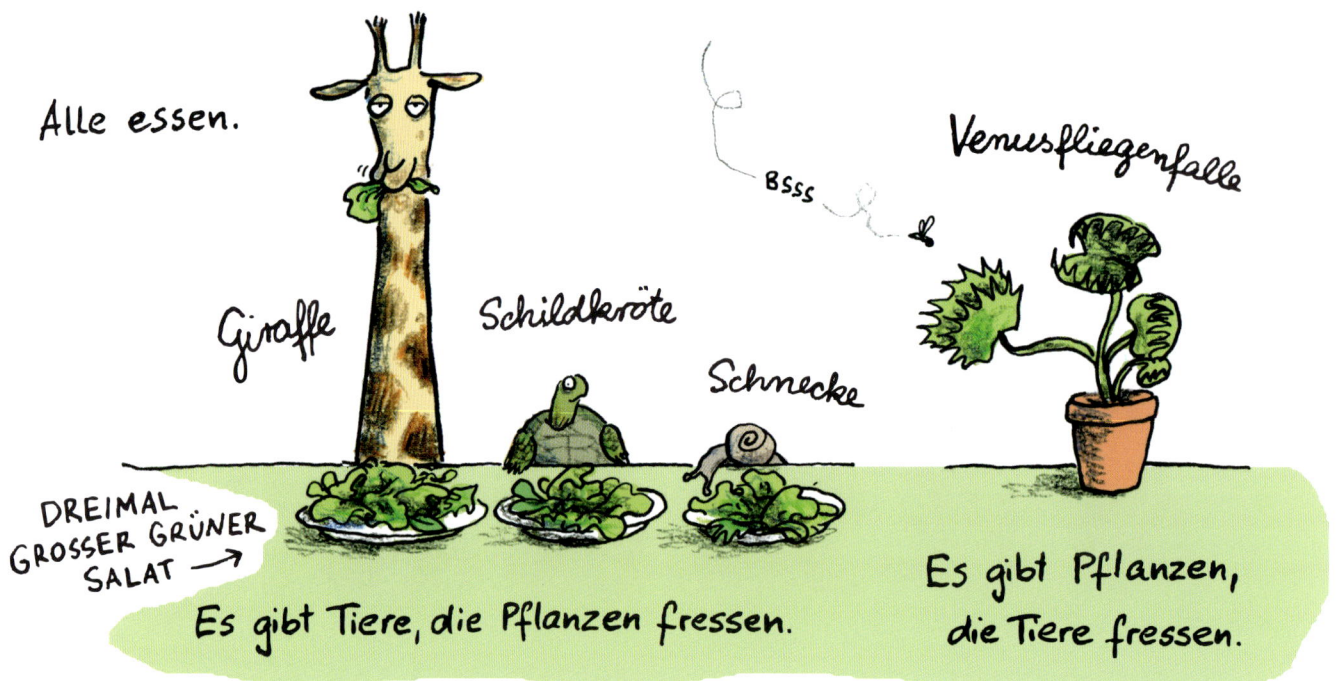

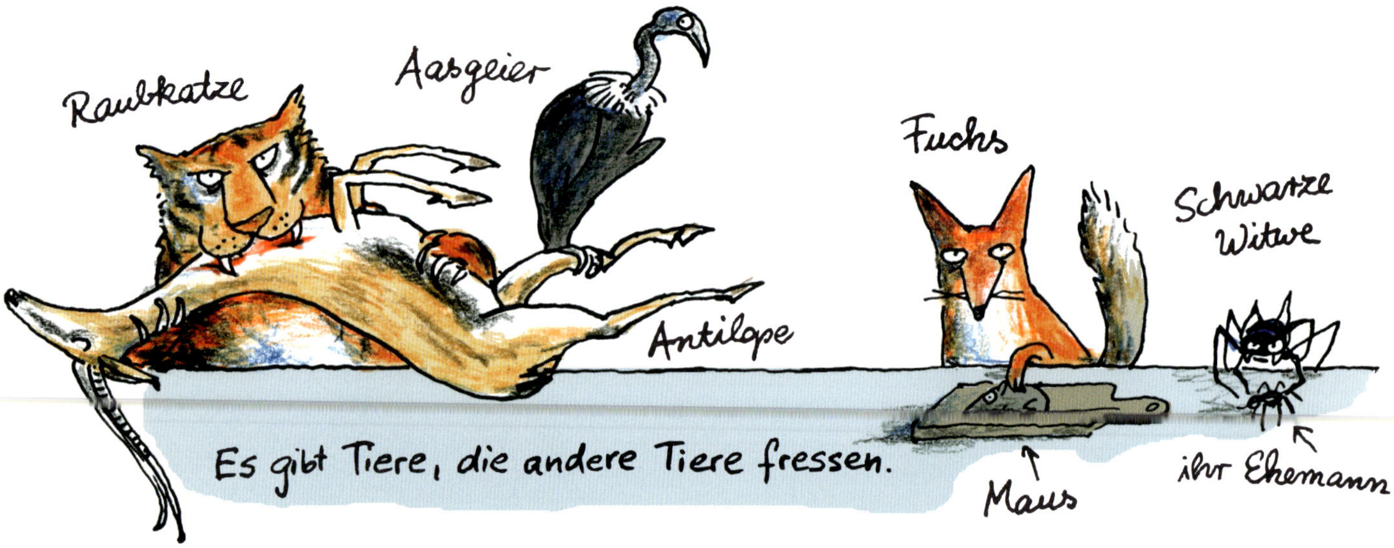

Es gibt Tiere, die andere Tiere fressen.

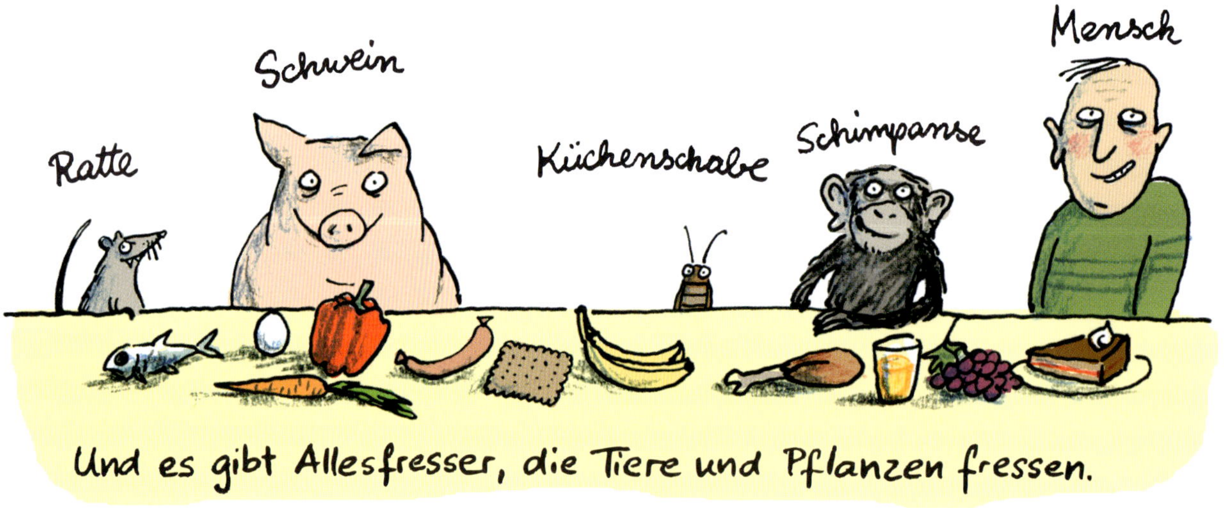

Und es gibt Allesfresser, die Tiere und Pflanzen fressen.

Auch unsere Vorfahren in der Steinzeit, die Jäger und Sammler, waren Allesfresser. Sie jagten Tiere und sammelten Früchte.

Heidelbeeren

Die Steinzeitmenschen mussten immer dorthin gehen, wo sie etwas zu essen fanden. Dann haben sie das Feuer entdeckt und das Kochen erfunden. Dadurch wurden manche Früchte überhaupt erst genießbar. Außerdem wurde gekochtes Essen nicht so schnell schlecht. Die Menschen konnten es besser aufbewahren und länger an einem Ort bleiben.

Der Mensch ist das einzige Lebewesen, das kocht!

Früher haben die Menschen vieles selbst gemacht.
Sie kannten die Kuh, deren Milch sie tranken, und schlachteten das Schwein selbst, das sie essen wollten.

Heute kaufen wir unser Essen meistens fertig abgepackt im Laden.

Viele Lebensmittelhersteller wollen das Essen so billig wie möglich anbieten. Es ist zum Beispiel billiger, dänische Kälber in Deutschland zu mästen und in Italien zu schlachten. Dafür müssen die Tiere hin und her gefahren werden. Für die Kälber ist das schrecklich.

Kälbertransport auf der Autobahn

Hersteller von Bio-Lebensmitteln nehmen dagegen mehr Rücksicht auf die Natur und die Tiere.

Tiergerechte Haltung

Tierungerechte Haltung

Auch bei Obst und Gemüse gibt es Unterschiede. Oft ist Insektengift drauf, damit keine Würmer reinkommen. Es geht aber auch anders: Auf Streuobstwiesen zum Beispiel wird überhaupt nicht gespritzt. Die Insekten und Schmetterlinge freuen sich!

Was Menschen essen, hängt auch davon ab, wo sie leben.
Jedes Land hat ganz eigene Spezialitäten.

- Stinkkäfer – MEXIKO
- Frosch – FRANKREICH
- Meerschweinchen – ECUADOR
- Hund – CHINA
- Kaninchen – DEUTSCHLAND
- Klapperschlange – USA
- Heuschrecke – KAMERUN
- Ratte – THAILAND
- Vogelspinne – KAMBODSCHA
- Honigameisen – AUSTRALIEN

In Indien ist die Kuh ein heiliges Tier, darum isst man dort kein Rindfleisch.

In muslimischen Ländern gilt das Schwein als unrein und wird deswegen nicht gegessen.

Für uns sind Hunde oder Katzen Familienmitglieder, die wir niemals essen würden.

Dagegen ist es bei uns üblich, Kaninchen, Kälber und Lämmer zu essen - obwohl die auch sehr niedlich sind.

Menschen, die kein Fleisch und keinen Fisch essen, heißen Vegetarier. Manche essen kein Fleisch, aber Fisch. Sie heißen Pescetarier. Manche essen kein Fleisch, keinen Fisch, kein Ei, keine Butter und keinen Honig. Also nichts, was von oder aus einem Tier gemacht wird. Sie heißen Veganer. Jakob isst kein Fleisch, außer Würstchen. Wurstianer nennt er sich.

Überall auf der Welt ist es absolut unvorstellbar, dass Menschen andere Menschen essen.

Man nennt das Kannibalismus.

Es gibt viele Schauermärchen von Menschenfressern. Die meisten stimmen gar nicht.

Wie unterschiedlich auf der Welt gegessen wird, sieht man auch am Frühstück.

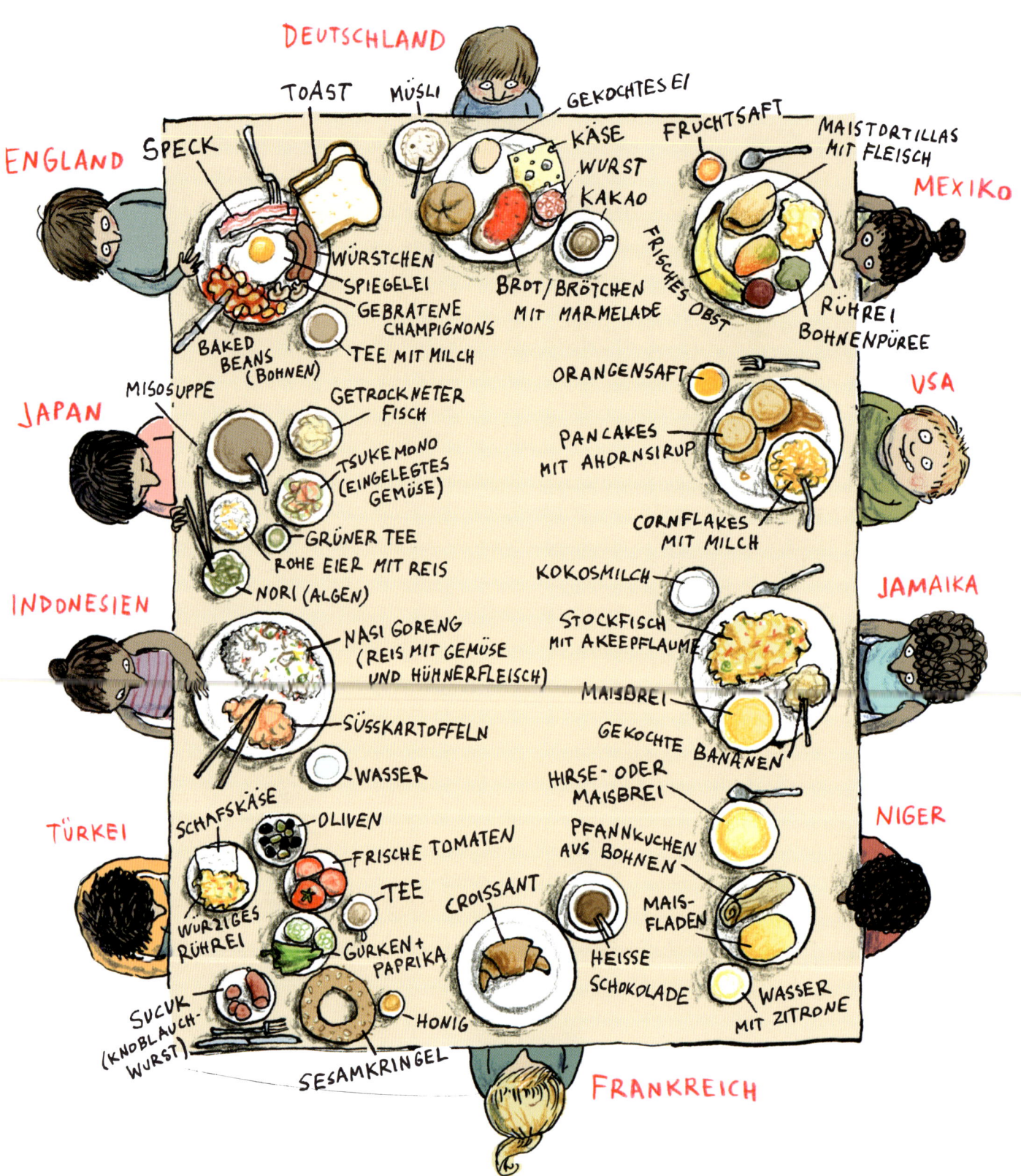

Moritz frühstückt immer erst in der Schule, wenn er sein Pausenbrot isst.
Dann wundert er sich immer, was die anderen so alles auspacken.

Leonie isst ihr Pausenbrot nie auf einmal.
Man kann an ihrem Pausenbrot ablesen,
wie lange sie noch Schule hat.

LEONIES PAUSENBROT

🕐 1. STUNDE Mathe   🕐 3. STUNDE Deutsch   🕐 5. STUNDE Sport   🕐 SCHULSCHLUSS

Es gibt Menschen, die nehmen sich keine Zeit fürs Essen.

Manche lieben es zu kochen.

Andere nicht.

Manche essen gerne gemeinsam mit Familie und Freunden.

Andere nicht.

Es gibt Menschen, die nehmen sich keine Zeit fürs Essen.

Manche lieben es zu kochen.

Andere nicht.

Manche essen gerne gemeinsam mit Familie und Freunden.

Andere nicht.

Moritz frühstückt immer erst in der Schule, wenn er sein Pausenbrot isst. Dann wundert er sich oft darüber, was die anderen so alles auspacken.

Jule krümelt beim Essen. Auf dem Schulhof muss man nur der Krümelspur folgen und schon trifft man Jule.

Leonie isst ihr Pausenbrot nie auf einmal. Man kann an ihrem Pausenbrot ablesen, wie lange sie noch Schule hat.

Manche legen beim Essen großen Wert auf einen schön gedeckten Tisch.

Andere nicht.

Manche fassen Essen gerne an.

Andere nicht.

Manche mögen es beim Essen eng.

Andere nass.

In vielen Familien gibt es eine feste Tischordnung.

Manche haben ein bestimmtes Ritual vor dem Essen.

Ben holt sich im Freibad immer eine Bratwurst mit Ketchup. Der Geruch von Chlorwasser, Sonnenmilch und Bratfett macht ihm ein ganz sommerliches Glücksgefühl.

Wenn Jakob und sein Vater frisches Brot kaufen, beißen sie sofort rein.

Naira liebt es, im Bett zu lesen und dabei ganz viele Kekse zu mümmeln und zu krümeln.

Beim Fernsehen muss Tilo immer etwas knabbern.

Für Mia und ihre Mutter ist es das Größte, wenn es ihr Klecker-Essen gibt: Spaghetti mit Tomatensoße. Dann schlürfen sie die Nudeln wild in den Mund rein, so dass es nach allen Seiten spritzt.

Tischmanieren sind auf der ganzen Welt verschieden.
An manchen Orten gab es den Brauch, dass die Gastgeberin vor einem Festmahl ein Glas Wein über die weiße Tischdecke schüttete.
So wussten die Gäste, dass sie ruhig kleckern durften.

In China ist es ein Kompliment an den Koch, wenn man beim Essen Geräusche macht.

Die meisten Menschen auf der Welt essen mit den Händen.

Auf Platz zwei steht das Essen mit Stäbchen, die in Asien benutzt werden.

Weniger als zehn Prozent aller Menschen essen mit Messer und Gabel.

Injera mit Wot (Sauerteigfladenbrot mit verschiedenen Soßen)

Lazi Ji (Huhn mit Paprika)

Getreidebratling mit Kartoffelbrei und Broccoli

Viele Sachen lassen sich einfach am besten mit den Fingern essen.

In Deutschland gehören beim Essen beide Hände auf den Tisch. In den USA wird dagegen erst alles klein geschnitten und dann einhändig mit der Gabel aufgespießt. Die andere Hand liegt auf dem Schoß. Der Legende nach stammt diese Sitte aus dem Wilden Westen. Dort konnte jederzeit eine Schießerei beginnen, weshalb die Cowboys beim Essen immer eine Hand am Revolver hatten.

Obwohl es auf der Welt genug Essen für alle gibt, sind die Lebensmittel nicht gerecht verteilt. Ayana lebt in einem Dorf im Norden Äthiopiens. Das hat sie an einem Tag zu essen:

MORGENS: ein Stück Injera mit Ziegenkäse   MITTAGS: nichts   ABENDS: eine Schale Sorghumbrei

Paula lebt in einer Kleinstadt im Süden Deutschlands. Das hat sie an einem Tag zu essen:

MORGENS: Müsli mit Obst   VORMITTAGS: Pausenbrot, Apfel   MITTAGS: Huhn mit Karotten und Kartoffeln   NACHMITTAGS: Schokokekse   ABENDS: Brot mit Käse, Avocado, Tomaten, Joghurt

Viele Menschen auf der Welt hungern – vor allem in Ländern, in denen Krieg herrscht oder Naturkatastrophen die Ernten zerstören.

Die Katastrophen werden schlimmer und passieren öfter. Das kommt durch den Klimawandel. Am härtesten trifft es Länder, die am wenigsten dazu beitragen.

Dürre in Namibia, 2019

Aber auch bei uns leben Menschen, die nicht genug zu essen haben. Gleichzeitig sind wir Weltmeister im Essenwegwerfen.

GIBT EIN FEINES MITTAGESSEN

Vieles davon ist noch gut und lecker.

AUSSORTIERTE LEBENSMITTEL AUS DEM SUPERMARKT →

Es ist ein uralter Traum der Menschheit, Essen immer im Überfluss zu haben, ohne irgendwas dafür zu tun. So etwas gibt es aber nur im Märchen – im Schlaraffenland. Das heißt übersetzt: das Land der faulen Affen.

Nahrungsaufnahme geht in fast jeder Lage:

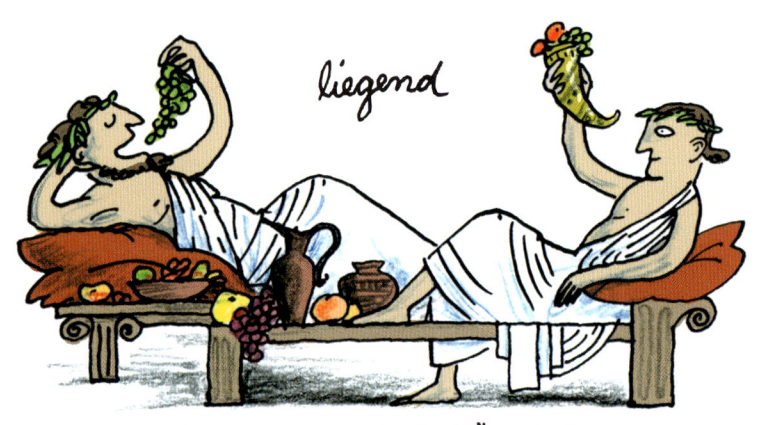

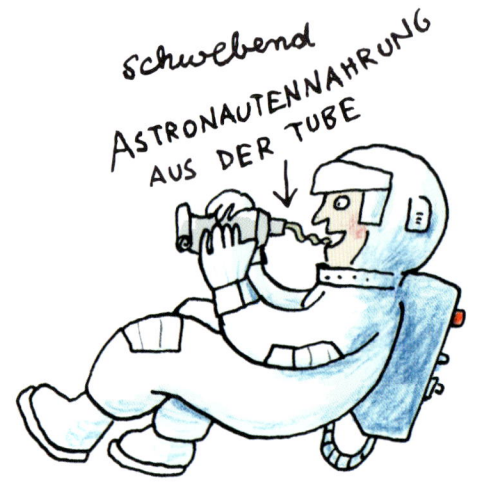

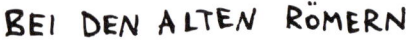

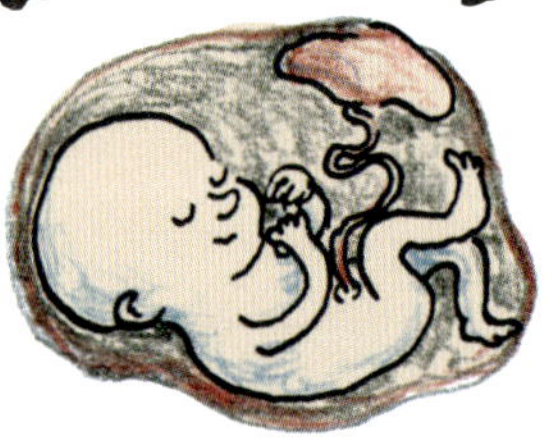

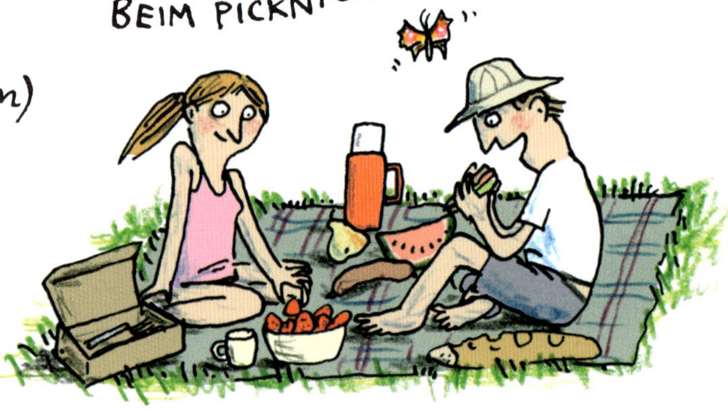

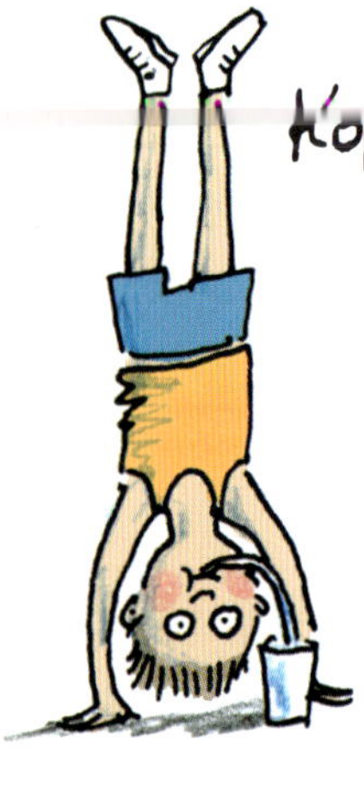

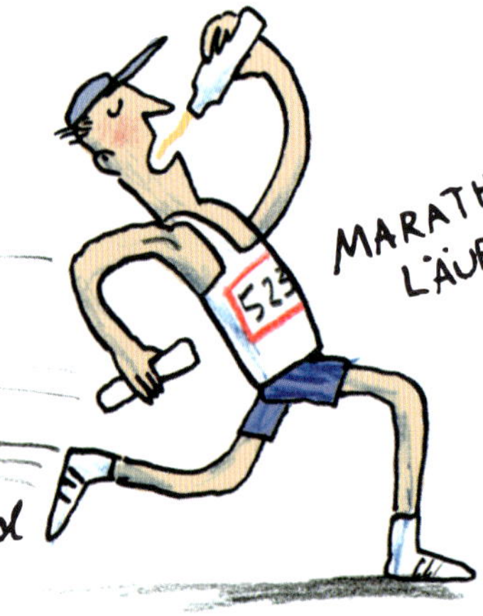

Wer zu krank ist, wird künstlich ernährt.

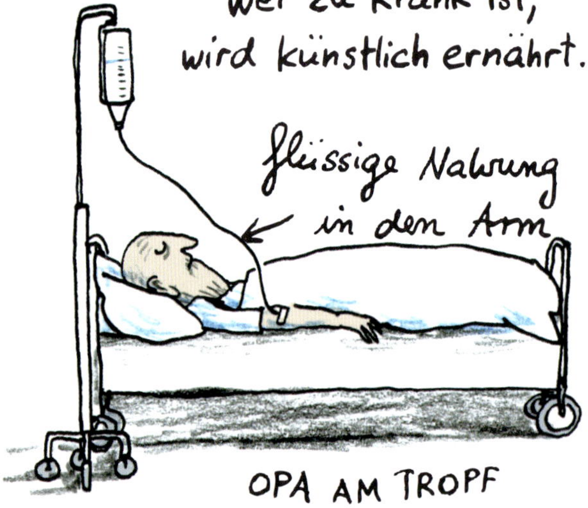

Essen kann trösten oder gute Laune machen.

> HIER KOMMT DEINE SOFORT-TROST-SPEZIAL-KARTOFFELBREI-MEDIZIN MIT VIEL BUTTER!

Wenn Tim krank oder traurig ist, hilft immer Kartoffelbrei.

Lisa wird von einem Glas Milch fröhlich.

Schokolade kann Glücksgefühle im Gehirn auslösen.

Manche haben Lust auf Schokolade, essen sie aber nicht, weil sie Diät machen. Vielleicht haben sie eine Krankheit und dürfen bestimmte Sachen nicht essen. Oder sie denken, sie sind zu dick, obwohl das gar nicht stimmt.

> NEIN DANKE, ICH BIN DIABETIKER.

> LIEBER NICHT, BIN AM ABNEHMEN.

Oder sie sind wirklich zu dick.

Andere wollen gar nichts essen und sind deswegen viel zu dünn.

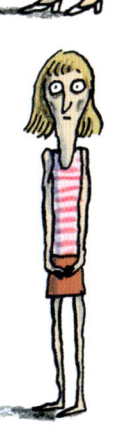

Man kann von Essen auch schlechte Laune kriegen.

Lilly wird motzig, wenn sie ihr Gemüse aufessen soll. Ihre Mutter wird motzig, wenn Lilly das Gemüse nicht aufisst.

In vielen Familien gibt es Streit ums Essen.

Leon führt immer Verhandlungen mit seinen Eltern.

Wenn er seine Oma besucht, muss er das nicht.

Kein Kind sollte zum Essen gezwungen werden.

Manche Eltern machen das trotzdem.

Dabei kann einem schlecht werden, wenn man zu viel gegessen hat.

Manchmal weiß man auch selbst nicht, wann es genug ist.

Wenn man etwas Schlechtes gegessen hat oder krank ist, kann es passieren, dass man sich übergeben muss.

Normalerweise holt sich der Körper alle wichtigen Nährstoffe aus dem Essen, und der Rest kommt wieder raus.

Manchmal sieht oder riecht man im Klo, was es zu essen gab.

Von bestimmten Gemüsesorten muss man viel pupsen.

Jedes Böhnchen gibt ein Tönchen

Erbsen, Bohnen, Linsen bringen den Po zum Grinsen

BESONDERS EKLIG: VERGAMMELTE KARTOFFELN, MIT KEIMLINGEN, AUS DENEN STINKSAFT TROPFT!

Verdorbene Speisen stinken oft fürchterlich. Damit werden wir davor gewarnt, sie zu essen. Andere Gerüche machen sofort Appetit. Frisch gebackene Waffeln zum Beispiel.

Wenn man nichts riecht, hat man auch weniger Appetit. Wer Schnupfen hat, schmeckt kaum etwas.

Manchmal riecht etwas besonders köstlich, weil man Hunger hat. Ein duftender Braten macht richtig Lust. Ist man satt, mag man den fettigen Bratgeruch gar nicht mehr riechen.

Essen fühlt und hört sich unterschiedlich an.

Es gibt die Grundgeschmacksrichtungen: bitter, sauer, salzig und süß.
An bestimmten Orten auf unserer Zunge kann man sie schmecken.

Vor einiger Zeit wurde umami als fünfte Geschmacksrichtung in Japan entdeckt. Umami ist ein würziger Brühe-Geschmack.

Es gibt auch scharfe Speisen. Schärfe ist aber kein Geschmack, sondern ein Schmerzgefühl. Man kann es mit der Zunge, in den Augen oder auf der Haut fühlen.

Alle Kinder lieben Süßigkeiten.

Als die Menschen noch Jäger und Sammler waren, mussten sie herausfinden, was sie essen konnten und was nicht. Dinge, die sauer oder bitter schmeckten, waren oft unreif oder giftig. Süße Früchte waren dagegen meist reif und genießbar.
Lust auf Süßes haben Kinder also von unseren Vorfahren geerbt.

Außerdem steckt in Zucker viel Energie. Und weil Kinder wachsen, brauchen sie Energie und haben deswegen oft Heißhunger auf süße Sachen. Je größer sie werden, desto mehr nimmt diese Lust ab.

2 JAHRE   5 JAHRE   8 JAHRE   11 JAHRE   14 JAHRE

Aber zu viel Zucker ist ungesund. Wenn jemand zu einem Kind sagt: „Iss auf, damit du groß und stark wirst", meint er damit nie eine Tafel Schokolade, sondern eher so was wie einen Gemüseauflauf.

Man kann krank werden, wenn man nicht alle wichtigen Nährstoffe isst.

Früher bekamen Seeleute oft Skorbut, wenn sie monatelang auf Schiffen unterwegs waren und kein frisches Obst essen konnten.

Ihnen fehlte das Vitamin C.

Im Laufe des Lebens isst ein Mensch ganz verschiedene Dinge.

Die Geschmäcker sind sehr verschieden. Ein richtiges Ekelessen ist für...

Das absolute Lieblingsessen ist für...

Was ist dein Lieblingsessen?

Was ist dein Ekelessen?

Wo isst du am liebsten?
Was gibt's bei euch immer an Weihnachten zu essen?

Welches Essen kriegst du, wenn du krank bist?

Welches Essen wünschst du dir an deinem Geburtstag?

Was war das Ungewöhnlichste, das du bisher gegessen hast?

Was würdest du gerne mal probieren?
Wovon hast du schon mal so viel gegessen, dass du es nie wieder magst?

Was trinkst du am liebsten?
Was trinkst du gar nicht gerne?
Worauf hast du JETZT Lust?

6. Auflage 2022
© 2012 Klett Kinderbuch, Leipzig
Alle Rechte vorbehalten

Umschlaggestaltung, Satz und Layout   Anke Kuhl
Illustrationen   Anke Kuhl
Druck und Bindung   Livonia Print, Riga
Printed in Latvia
ISBN 978-3-95470-057-8

www.klett-kinderbuch.de